Enid Blyton

СЕКРЕТНАЯ СЕМЁРКА

В серии выходят:

Тайна заброшенного дома

Циркачи и сыщики

ЭНИД БЛАЙТОН

ЦИРКАЧИ И СЫЩИКИ

Приключенческая повесть

Перевод с английского
Ольги Солнцевой

Иллюстрации
Джорджа Брука

Москва
«Махаон»
2017

УДК 821.111-312.4-93
ББК 84(4Вел)-44
Б68

Enid Blyton
SECRET SEVEN ADVENTURE

First published in Great Britain in 1950 by Brockhampton Press

Блайтон Э.
Б68 Циркачи и сыщики : приключенческая повесть / Энид Блайтон ; пер. с англ. О. М. Солнцевой ; худож. Джордж Брук. – М. : Махаон, Азбука-Аттикус, 2017. – 128 с. : ил.

ISBN 978-5-389-10554-6 (рус.)
ISBN 978-0-340-68092-6 (англ.)

У «Секретной семёрки» снова каникулы! Во время игры в индейцев Колин замечает какого-то странного человека, перелезающего через ограду заброшенного дома. Кто он? И почему испугался ребят? На эти и другие вопросы ответят члены самого тайного из тайных обществ «Секретная семёрка».

УДК 821.111-312.4-93
ББК 84(4Вел)-44

ISBN 978-5-389-10554-6 (рус.)
ISBN 978-0-340-68092-6 (англ.)

Глава 1

СОБРАНИЕ «СЕКРЕТНОЙ СЕМЁРКИ»

В тот день должно было состояться собрание «Секретной семёрки». Обычно ребята собирались раз в неделю в старом сарае в глубине сада, окружавшего дом, где жили Питер и Джанет. На двери сарая зелёной краской было выведено: «С7» – «Секретная семёрка».

Питер и Джанет сидели в сарае и поджидали остальных. Джанет выдавливала в большой кувшин сок из лимонов – готовила лимонад, чтобы угостить ребят. На тарелке лежали семь имбирных печений и одно печенье побольше – для Скампера, золотистого спаниеля. Он не спускал с тарелки глаз, будто боялся, что печенье может спрыгнуть с неё и убежать.

– Идут, – сказал Питер, выглядывая из окна. – Колин, Джордж, Барбара, Пэм и Джек. Плюс ты да я, а всего нас семеро.

– Гав! – Скампер почувствовал, что про него совсем забыли.

– Извини, Скампер, – возразил Питер. – Но ты же не полноценный член нашего общества, а всего-навсего вольнослушатель, хотя и очень симпатичный.

Тук-тук. В дверь постучали.

– Пароль, – потребовал Питер. Он никогда не открывал дверь, не услышав пароля.

– «Кролики», – ответил Колин, и Питер впустил его в сарай.

– «Кролики», – произнёс Джек, а за ним по очереди и все остальные.

Это был их последний пароль, они меняли его каждую неделю – так, на всякий случай, вдруг он станет известен кому-нибудь постороннему.

Ребята входили и рассаживались. Питер бросал на каждого из них проницательный взгляд.

– Джек, а где твой значок? – спросил он.

Джек почувствовал себя не в своей тарелке.

– Я очень извиняюсь, – пробормотал он, – наверное, его взяла Сьюзи. Я спрятал его в ящик письменного стола, а сегодня утром его там не оказалось. Сьюзи иногда бывает такой противной.

Сьюзи – так звали сестру Джека. Ей очень хотелось, чтобы её приняли в общество, но Джек терпеливо объяснял ей, что раз общество называется «Секретная семёрка», то в нём может быть только семь членов и никак не больше.

– Сьюзи напрашивается на хорошую трёпку, – засмеялся Питер. – Отбери у неё значок и больше никогда не клади его в письменный стол или ещё куда, а прикалывай на ночь к пижаме. И Сьюзи ничего не сможет сделать.

– Ладно, – кивнул Джек.

Он огляделся, чтобы выяснить, как обстоят дела со значками у остальных. Да, круглые пуговицы с аккуратно выведенной на них надписью «С7» были у всех при себе. Он очень рассердился на Сьюзи.

– Кто может сообщить что-нибудь интересное? – Питер протягивал всем по очереди тарелку.

Он бросил Скамперу его персональное печенье, и спаниель ловко поймал его на лету зубами. Раздался дружный хруст.

Им не о чем было сообщить друг другу. Барбара посмотрела на Питера:

– Вот уже четвёртую неделю нам нечего рассказывать, совсем ничего не происходит, – пожаловалась она. – Ужасно скучно. Не вижу смысла в секретном обществе, раз ему нечем заняться – тайну какую-нибудь разгадать или придумать что-нибудь интересное.

– Ну так придумай, – быстро предложил Питер. – Ты, наверное, считаешь, что тайны и приключения на деревьях растут, а, Барбара?

Джанет разлила лимонад.

– Мне тоже хочется, чтобы случилось что-нибудь необычное, – задумчиво сказала она. – Может, мы действительно придумаем какое-то приключение. Просто чтобы развеяться.

– Какое, например? – поинтересовался Колин. – Ой, лимонад какой кислый!

– Сейчас я в него мёда добавлю, – успокоила его Джанет. – Может, оденемся индейцами или ещё кем-нибудь, отправимся куда-нибудь и будем к кому-нибудь незаметно подкрадываться? У нас с Питером есть очень хорошие костюмы индейцев.

Они стали обсуждать это предложение и выяснили, что такие костюмы есть у всех, кроме Колина.

– Тогда я знаю, что делать! – воскликнул Джек. – Мы оденемся индейцами и отправимся к Малым Зарослям. Разобьёмся на две команды и будем подкрадываться к Колину и ловить его – кто первый поймает, тот и выиграл.

– Думаете, мне хочется, чтобы ко мне подкрадывались сразу шестеро?! – возмутился Колин. – Набroситесь на меня все сразу...

– Да это же игра, глупый, – возразила Джанет.

– Слышите, кто-то идёт! – насторожился Питер.

Послышались быстрые шаги, и в дверь постучали, да так громко, что ребята подпрыгнули.

– Пароль! – От неожиданности Питер забыл, что вся семёрка в сборе.

– «Кролики»!

– Да это Сьюзи! – Джек в ярости распахнул дверь, и перед ними действительно предстала его несносная сестрица, да ещё со значком «С7»!

– А я тоже член общества! – закричала она. – Я знаю пароль, и значок у меня есть!

Ребята в гневе повскакали с мест, и Сьюзи, хихикая, убежала. Джек был вне себя от ярости.

– Побегу за ней! Придётся придумывать новый пароль!

– Пусть будет «индейцы»! – крикнул ему вдогонку Питер. – Встречаемся здесь в половине третьего!

Глава 2

ИГРА В ИНДЕЙЦЕВ

К половине третьего ребята, кто по одному, кто по двое, стали подтягиваться к сараю. Первым пришёл Джек. На этот раз он был со значком – отобрал его у сестры.

– А я опять приду к сараю и пароль опять прокричу! – пригрозила Сьюзи.

– Не получится! – возразил Джек. – У нас уже новый пароль!

Пароль произносили очень тихо: вдруг эта надоедливая Сьюзи спряталась где-нибудь и подслушивает.

– «Индейцы»!

– «Индейцы»!

Все наконец были в сборе. Принесли с собой костюмы и головные уборы индейцев. И все, кроме Колина, стали облачаться в них.

– Вперёд, в заросли! – воскликнул Питер, размахивая невероятно устрашающим томагавком, к счастью всего лишь деревянным. – У меня в команде будут Джанет и Джек, а у Джорджа – Барбара и Пэм. И мы будем ловить Колина и брать его в плен.

– Только, чур, не привязывать меня к дереву и не пускать в меня стрелы! – потребовал Колин. – Понятно? А то вам смех, а мне слёзы!

Ребята как можно причудливее разрисовали лица. У Джека в руках был игрушечный нож, и он сделал вид, что вонзает его в Скампера. Да, они и в самом деле походили на сборище до ужаса свирепых индейцев.

Малые Заросли были примерно в полукилометре от сарая, на другом краю поля, неподалёку от большого, окружённого высокими стенами особняка, называвшегося Милтон-Мэнор.

– Встаём по обе стороны зарослей, – скомандовал Питер. – Мы с этой стороны, вы – с той. А Колин пусть прячется. Закроем глаза, досчитаем до ста и начнём за ним охотиться.

– А если я кого-нибудь засеку и назову по имени, тот выходит из игры, – заявил Колин.

– А если кто-то из нас незаметно подкрадётся к тебе и схватит, это значит, что мы взяли тебя в плен, – сказал Питер. – Малые Заросли – самое подходящее место для такой игры!

И он был абсолютно прав. Здесь вперемежку росли высокий вереск и густая жёсткая трава, кусты и деревья, большие и маленькие, – словом, было где спрятаться. И если тихо-тихо ползти на животе, то вполне можно подкрасться к кому угодно, оставаясь при этом незамеченным.

Ребята разбились на две команды и разошлись в разные стороны. По одну сторону зарослей был высокий забор, по другую возвышались стены Милтон-Мэнора. Если Колину удастся выбраться из зарослей и они его не поймают, то он будет просто молодцом!

Колин направился в самую гущу кустов и деревьев. Питер взмахнул носовым платком, ребята закрыли глаза и начали считать до ста. Колин же подбежал к какому-то дереву, быстро залез на него и спрятался среди густых ветвей, усевшись на толстый сук. Он улыбался.

«Пусть ищут, пусть облазят все заросли, всё равно им меня не найти! – подумал он. – А когда они устанут и сдадутся, я слезу и предстану перед ними!»

Ребята закончили считать. Шестеро индейцев расползлись кто куда, осторожно прокладывая себе дорогу через густой подлесок и высокую траву.

По колыханию травы и веток Колин определял, где они. Он сидел себе на дереве и посмеивался. Вот потеха!

А затем он увидел нечто странное. Взглянув на высокую стену, окружающую Милтон-Мэнор, заметил, что верхом на ней сидит какой-то мужчина. Не успел он его как следует рассмотреть, а тот уже спрыгнул на землю. Колин услышал лишь, как он приземлился в траву. И стало тихо. Мальчик оторопел. Зачем он перелезал через стену?

Мальчик никак не мог сообразить, как поступить. Не кричать же ребятам с дерева. И вдруг совсем рядом с тем местом, куда спрыгнул со стены тот человек, он увидел то ли Питера, то ли ещё кого.

Это был Питер. Он услышал, что рядом с ним кто-то есть, и, ни минуты не сомневаясь, что ползёт Колин, пополз вслед за ним.

А! В этом кусте кто-то прячется, точно! Куст огромный, весь в цвету. Колин должен быть здесь!

Питер подполз к кусту, раздвинул ветки и удивлённо уставился на незнакомого мужчину. Это вовсе не Колин!

Тот, кто прятался в кустах, ужасно испугался. Совершенно неожиданно перед ним появилось страшное разукрашенное лицо, и он увидел нацеленный на него топорик – откуда ему было знать, что он деревянный?!

Мужчина вскочил и помчался прочь. А Питер был так ошеломлён, что даже и не подумал его преследовать.

Глава 3

ЧТО ВИДЕЛ КОЛИН

К тому времени как Питер опомнился и стал оглядываться по сторонам, чтобы выяснить, куда же побежал напуганный им до полусмерти мужчина, того и след простыл.

– Вот чёрт! – Питер был страшно раздосадован. – Ну и индеец из меня! Не вижу дальше собственного носа! Куда же он подевался?

Питер начал метаться из стороны в сторону, и ребята, увидев, что он больше не прячется, поняли, что что-то произошло, и стали кричать ему:

– Питер, что случилось?! Почему ты встал?

– Тут в кустах прятался какой-то человек, – объяснил Питер. – Не пойму почему! А потом вскочил и убежал. Не видели куда?

Но его вообще никто не видел. Озадаченные ребята столпились вокруг Питера.

– Что за чудеса? Нас здесь семеро, и никто не заметил, куда он убежал, – недоумевала Пэм. – И Колина мы не нашли.

– На сегодня игра закончена, – сказал Питер.

Ему вовсе не хотелось, чтобы девочки наткнулись на незнакомца – то-то перепугаются. Надо позвать Колина.

И они закричали:

– Колин, выходи! Где ты?! Мы больше не играем!

Ребята ожидали, что Колин сразу же подойдёт к ним. Но он не появлялся и даже не отвечал.

– Колин! Выходи!

И опять Колин не отозвался. Это было совершенно непонятно.

– Не выпендривайся! – закричал Джордж. – Игра окончена! Где ты?

Колин был всё там же – на дереве. Почему он не отвечал? Почему не слез с дерева и не подбежал к остальным, довольный, что они его не поймали?

У него были на то веские причины. Он был просто потрясён, когда увидел, как со стены спрыгнул какой-то мужчина и исчез в зарослях. И испугался ещё больше, когда этот мужчина выскочил из куста и подбежал к тому самому дереву, на котором он сидел.

Затем – бог ты мой! – Колин услышал, что на дерево кто-то забирается.

У него бешено заколотилось сердце. Вряд ли этому незнакомцу понравится, что он здесь сидит.

Мужчина лез всё выше и выше. Но когда он был почти рядом с Колином, то остановился – ветки здесь были недостаточно крепкими, чтобы выдержать взрослого.

Мужчина прижался к стволу прямо под Колином. Он совсем запыхался, но старался дышать как можно тише. Колин замер, будто окаменел. Кто этот человек? Почему он перелез через стену? Почему прятался в зарослях? Вряд ли он стал бы это делать, зная, что заросли кишат «индейцами» племени «Секретная семёрка»! А теперь он сидит на том же дереве, что и Колин, и в любой момент может поднять

голову и обнаружить, что он здесь не один. Ситуация не из приятных. Колин услышал, что ребята его зовут:

– Колин! Выходи! Ты где? Кончаем игру!

Но бедный Колин не посмел слезть с дерева или хотя бы крикнуть им в ответ. Он едва осмеливался дышать и молил Бога только об одном – как бы не чихнуть и не кашлянуть. Он сидел тихо, как мышь, и ждал, что будет.

И мужчина сидел тихо, как мышь, наблюдая сквозь ветки дерева за происходящим внизу. Колин горько сожалел, что с ними нет Скампера. Он бы взял след и подвёл ребят к дереву.

Но Скампера оставили дома – он приходил в слишком сильное возбуждение, когда они играли в индейцев, и лаем выдавал, кто где прячется.

Ребята поискали Колина, покричали ему, а потом решили, что это бесполезно.

– Он, наверное, домой убежал, – предположил Питер. – И нам пора. Того человека мы всё равно не найдём, да мне этого не очень-то и хочется. Он произвёл на меня не слишком приятное впечатление.

В полном отчаянии Колин смотрел, как его друзья покидают заросли и исчезают в поле. Все это прекрасно заметил и мужчина. Он тихо хмыкнул и начал спускаться с дерева.

Колину сверху видны были только его уши и затылок. Когда он выбирался из зарослей, мальчик тоже не смог толком разглядеть его. Одно было ясно – он гораздо больше годился в индейцы, чем любой из членов «Секретной семёрки»! А что теперь? Можно слезать с дерева? Не ночевать же ему здесь!

Глава 4
ПРИКЛЮЧЕНИЯ НАЧИНАЮТСЯ

Колин слез с дерева. Он стоял и осторожно оглядывался по сторонам. Никого не видно. Мужчина исчез.

«Побегу изо всех сил. Может, повезёт – и он меня не догонит», – решил Колин и помчался так быстро, как только мог.

И никто его не остановил! И не окликнул! Колину даже стало немного стыдно, когда он домчался до поля и на него в полном изумлении уставились пасущиеся там коровы.

Он вернулся к дому Питера и Джанет. Наверное, «Секретная семёрка» всё ещё в сарае – снимает костюмы индейцев, смывает боевую раскраску...

Колин побежал по тропинке к сараю. Дверь, как обычно, была заперта, но из сарая доносились голоса.

Колин постучал.

– Это я! Пустите меня! – крикнул он.

Молчание. Дверь не открывалась.

Колин нетерпеливо забарабанил в неё:

– Вы ведь знаете, что это я! Откройте!

Никакого ответа. И тут Колин вспомнил, что надо сказать пароль. Что же это за слово? К счастью, в окне мелькнуло яркое перо, и Колин завопил:

– «Индейцы»!

Дверь открылась.

– Теперь наш пароль известен абсолютно всем! – сердито сказал Питер. – Придётся срочно придумывать новый. Входи! Где ты был? Мы тебя обкричались.

– Я знаю, слышал. – Колин вошёл в сарай. – Простите меня, что я так громко сказал пароль, я не подумал. Но у меня есть для вас новости, и очень необычные!

– Какие? – Ребята замерли.

– Вы, наверное, уже знаете, что Питер видел какого-то человека, который прятался в кустах, – начал Колин. – А я был совсем рядом. Я сидел на дереве.

– Да ты сжульничал! – воскликнул Джордж. – Это не по правилам!

– Почему? – удивился Колин. – Кто сказал, что индейцы не лазают по деревьям? По-твоему, они только ползать умеют? В общем, я сидел на дереве, и тот человек, которого видел Питер, залез на то же самое дерево!

– Вот это да! – поразился Джордж. – И что ты сделал?

– Да ничего. Он не стал забираться так высоко, как я. И потому я просто сидел, и всё. Я заметил его ещё раньше Питера – он залез на стену Милтон-Мэнора, а потом прыгнул вниз, побежал к зарослям и спрятался.

– А что потом? – взволнованно спросила Джанет.

– Когда вы ушли, он слез с дерева и убежал. И я его больше не видел. Я тоже слез и прибежал сюда. Если честно, то я немного испугался.

– Как странно он себя вёл! – удивился Джек. – Ты его разглядел?

– Нет, я видел только его макушку и уши, – признался Колин. – Питер, а ты его близко видел?

– Да, довольно близко, – ответил Питер. – Но он совсем обыкновенный – чисто выбрит, волосы тёмные... Никаких особых примет.

– Вряд ли мы когда-нибудь ещё услышим о нём, – вздохнула Барбара. – Приключение обошло нас стороной! Так мы и не узнаем, что он там делал.

– Он нам всю игру испортил, – недовольно сказала Пэм. – Хотя, раз Колин залез на дерево, мы всё равно бы его не поймали. Надо ввести правило, что на деревьях прятаться нельзя.

– Когда у нас следующее собрание? А новый пароль будем придумывать? – спросила Джанет.

– Собираемся в среду вечером, – ответил Питер. – Будьте начеку, не прозевайте какую-нибудь тайну или приключение. Жаль, что мы не схватили того человека или хотя бы не узнали о нём побольше. Я уверен, что здесь дело не чисто.

– Так как насчёт пароля? – напомнила Джанет.

– Пусть будет «приключение», – предложил Питер, – раз уж настоящее приключение мы упустили.

Ребята разошлись по домам, и никто из них, кроме Колина, не думал больше о прятавшемся в Малых Зарослях человеке. Но вечером совершенно неожиданно им о нём напомнило радио.

«Сегодня днём из спальни леди Люси Томас в Милтон-Мэноре было украдено очень ценное и уникальное жемчужное ожерелье, – сказал диктор. – Вору удалось скрыться незамеченным».

Питер и Джанет вскочили с мест.

– Это тот, которого мы видели! – воскликнул Питер. – Кто бы мог подумать?! Джанет, созывай завтра собрание «Секретной семёрки»! У нас опять есть тайна!

Глава 5

ОЧЕНЬ ВАЖНОЕ СОБРАНИЕ

«Секретная семёрка» была не на шутку взбудоражена. Джанет и Питер опустила всем в почтовые ящики записки: «Собрание состоится в 9.30. Очень важно! С7».

Колин и Джордж понятия не имели, в чём дело, они не слышали радио. Но всем остальным было уже известно, что у леди Люси Томас украдено ожерелье. Зная, что она живёт неподалёку от Малых Зарослей, они догадывались, что собрание будет посвящено тому, как поймать вора.

В девять тридцать «Секретная семёрка» была в сборе. Джанет и Питер ждали ребят в сарае. В дверь то и дело стучали.

– Пароль! – каждый раз требовал Питер.

– «Приключение»! – отвечали тихие голоса.

– «Приключение»!

– «Приключение»!

Один за другим члены секретного общества входили в сарай.

– А где твоя ужасная сестрица? – спросил Питер у Джека. – Надеюсь, не околачивается где-нибудь поблизости – у нас сегодня очень важное собрание. Значок у тебя?

– Да, – ответил Джек. – Сьюзи уехала на весь день. И последний наш пароль она не знает.

– По какому поводу собрание? – поинтересовался Колин. – По лицу Джанет ясно – случилось что-то необычное: она вот-вот лопнет.

– Смотри сам не лопни, когда узнаешь, в чём дело, – парировала Джанет. – Сразу нос задерёшь – ведь только вы с Питером видели вора!

Колин и Джордж лишь глаза таращили – они не понимали, о чём говорит Джанет. Но Питер им всё объяснил.

– Вы, конечно, помните, что Колин видел вчера, как какой-то человек перелез через стену Милтон-Мэнора? – начал он. – Затем я видел, как этот человек прятался в кустах. А потом он залез на то самое дерево, где сидел Колин. Так вот, вчера вечером по радио сообщили, что из спальни леди Люси Томас украдено великолепное жемчужное ожерелье.

– Ой, господи! – взвизгнула Пэм. – Его украл тот самый человек, которого вы видели?

– Да. Должно быть, он. Вопрос в том, что теперь делать. Это настоящее приключение! И если только мы отыщем вора да ещё найдём пропавшее ожерелье, то это будет очко в нашу пользу. Можно будет гордиться нашим обществом!

Все замолчали. И принялись усиленно думать.

– Но как же мы его найдём? – заговорила наконец Барбара. – Ведь его видели только Колин с Питером, да и они его толком не разглядели.

– Я видел только его макушку и уши, – заметил Колин. – Не уверен, что узнаю его. Не могу же я смотреть на людей сверху!

– Придётся тебе носить с собой стремянку, – рассмеялась Джанет, а за ней и все остальные.

– А в полицию не надо сообщить? – спросил Джордж.

– Наверное, надо, – поразмыслив, ответил Питер. – Нам пока особенно нечем им помочь, но всё же лучше сообщить. А потом мы будем вести собственное расследование – может, что-нибудь и найдём.

– Тогда пошли в полицию, – сказал Джордж. – Представляете, как удивится инспектор, когда мы ввалимся туда все семеро?

Они вышли из сарая и направились в город. И, к большому удивлению дежурного полицейского, всей толпой поднялись по ступенькам отделения полиции.

– Мы можем видеть инспектора? – спросил Питер. – У нас есть для него информация – о воре, укравшем ожерелье леди Люси.

Заслышав топот множества ног, инспектор выглянул из своего кабинета.

– Привет, привет! – обрадовался он. – «Секретная семёрка»! Какой у вас теперь пароль?

Разумеется, никто ему на этот вопрос не ответил. Питер улыбнулся:

– Мы просто зашли сказать, что видели вчера, как вор перелезал через стену Милтон-Мэнора. Сначала он спрятался в кустах, а потом на том же самом дереве, на котором прятался Колин. Но больше мы ничего не знаем.

Инспектор принялся подробно расспрашивать ребят, и скоро ему стали известны мельчайшие детали происшествия. Казалось, он был очень доволен.

– Не могу понять, как вору удалось взобраться на эту стену – она такая высокая! – задумался он. – Наверное, он из семейства кошачьих. Лестницы ведь у него не было. Ладно, ребята, смотрите теперь в оба – может, встретите того человека ещё раз. И пожалуй, это всё, чем вы можете нам помочь.

– Дело в том, что Колин видел только его макушку и уши, а я видел его совсем мельком, а он очень, ну просто *очень* обыкновенный, – сказал Питер. – Но мы сделаем всё, что сможем, будьте уверены!

И они спустились по ступенькам на улицу.

– А теперь, – скомандовал Питер, – мы пойдём туда, где вор перелез через стену. Вдруг что и обнаружим – кто знает!

Глава 6

НЕСКОЛЬКО СТРАННЫХ НАХОДОК

Ребята направились к Малым Зарослям, в которых днём раньше играли в индейцев.

– Так где, ты говоришь, он перелез через стену? – спросил у Колина Питер.

Колин немного подумал и показал на высокий остролист.

– Видите вон тот остролист? Я абсолютно уверен, что вор перебрался через стену между ним и этим дубом.

– Пошли посмотрим!

С сознанием того, что они занимаются очень важным делом, все семеро прошли через Малые Заросли и подошли к тому месту, которое указал Колин. Ребята стояли и смотрели на стену.

Её высота была метра три, а то и больше. Разве можно взобраться на такую высокую отвесную стену без лестницы?

– Посмотрите, вот где он приземлился, – неожиданно сказала Пэм и показала на глубокую вмятину рядом с остролистом.

– Да, наверное, это отпечаток его ноги, – согласился Джордж. – Но это не настоящий след, а просто какое-то углубление, может, от каблука.

– Хорошо бы оказаться по другую сторону стены, – сказал Питер. – Вдруг он оставил там ещё один-два следа. Пойдём попросим садовника, может, он нас пустит. Он дружит с нашим пастухом и знает меня.

– Отличная идея! – воскликнул Джордж, и они пошли к воротам.

Садовник работал в саду перед домом, неподалёку от массивных железных ворот.

Ребята окликнули его, и он поднял голову.

– Джонс! – крикнул Питер. – Можно мы зайдём и осмотрим землю у стены? Мы вчера видели, как вор перелез через стену, и полицейский инспектор велел нам смотреть в оба. Вот мы и смотрим.

Джонс улыбнулся и отпер ворота.

– Если я буду с вами, то вряд ли вы сможете очень уж напакостить, – сказал он. – В толк не возьму, как это вору удалось перелезть через стену. Вчера днём я работал в саду перед домом, и, если бы он прошёл через ворота, я бы его обязательно увидел, но через ворота он не проходил.

Семеро ребят вместе с Джонсом пошли вдоль стены. Колин первым увидел торчащие из-за стены верхушки остролиста и дуба и остановился.

– Это здесь. Давайте искать следы.

На земле было множество каких-то отпечатков, но это вовсе не были следы ног.

Ребята наклонились и стали рассматривать их.

– Странно, правда? – Питер был очень озадачен. – Они совсем круглые, сантиметров семь-восемь в диаметре. Как будто кто-то слонялся здесь с огромной метлой и тыкал ручкой в землю. Что это такое, а, Джонс?

– Ума не приложу. – Джонс был озадачен не меньше ребят. – Может, полиция разберётся, что к чему.

Они опять стали изучать круглые отпечатки: совершенно непонятно, откуда они взялись. И в самом деле, очень похоже на то, что землю истыкали ручкой метлы или чем-нибудь в этом роде. Но с какой стати? Ради чего? Как с помощью метлы можно перебраться через стену?

– Лестницы у него не было, за это я ручаюсь, – сказал Джонс. – Все мои лестницы на месте, в сарае, а ключ у меня в кармане. Как он перелез через такую отвесную стену, действительно непонятно!

– А может, он акробат? – Джанет задрала голову и посмотрела на вершину стены. И вдруг, заметив что-то, она воскликнула: – Посмотрите! Что это? Вон видите, кирпич откололся и за него что-то зацепилось?!

Все как один посмотрели наверх.

– Похоже на толстую шерстяную нитку, – сказала наконец Барбара. – Наверное, когда вор карабкался по стене, то зацепился за кирпич одеждой.

– Джордж, помоги мне! – приказал Питер. – Надо достать этот клочок, он может оказаться очень ценной уликой.

Джордж подсадил Питера, тот дотянулся до нитки и схватил её.

Это была короткая шерстяная нитка, синяя, с небольшими красными вкраплениями. Ребята столпились вокруг Питера и с самым серьезным видом изучали её.

– Наверное, это нитка из одежды вора, – предположила Джанет. – Надо искать человека в синем с красными крапинками шерстяном свитере.

А затем они обнаружили ещё кое-что, гораздо более интересное.

Глава 7

СКАМПЕР НАХОДИТ УЛИКУ

Самую главную улику обнаружил не кто иной, как Скампер. Он конечно же был с ребятами, активно всё обнюхивал и очень заинтересовался странными круглыми следами, а потом вдруг громко залаял.

Ребята посмотрели на него.

– В чём дело, Скампер? – спросил Питер.

Скампер продолжал лаять. Девочки немного испугались и стали оглядываться по сторонам – вдруг в кустах кто-то прячется!

Скампер, задрав голову вверх, по-прежнему усиленно гавкал.

– Перестань! – разозлился Питер. – Перестань, кому говорят!

Скампер перестал. Укоризненно взглянув на Питера, он уставился куда-то поверх ребячьих голов. А затем не выдержал и снова залаял.

Все посмотрели вверх, чтобы выяснить, в чём же дело. И увидели, что там, на ветке дерева, висит какая-то кепка.

– Смотрите! – поразился Питер. – Кепка! Чья она, неужели вора?

– А зачем ему было закидывать её на дерево? – пожала плечами Джанет. – Воры обычно так не поступают.

Кепка висела слишком высоко, чтобы они могли её достать, – почти на уровне верхнего края стены, и Джонс пошёл за длинной палкой.

– Туда её можно было только забросить, – заметил Джордж. – Вор вряд ли стал бы это делать. Зачем ему оставлять такую улику?

– Боюсь, что так, – кивнул Питер. – Наверное, её забросил туда какой-нибудь бродяга.

Джонс вернулся с длинной бамбуковой палкой, скинул кепку вниз, и на неё сразу же накинулся Скампер.

– Нельзя, Скампер, нельзя! – прикрикнул на него Питер, и Скампер оставил кепку в покое. Вид у него был

ужасно обиженный. Кто обнаружил кепку? Так неужели ему нельзя подбросить её вверх и поймать?

Ребята внимательно разглядывали старую кепку. Она была из твида, некогда в невероятно яркую клетку, но теперь такая грязная, что рисунка почти не видно.

– Какая гадость! – с отвращением сказала Джанет. – Я просто уверена, что какой-то бродяга пытался пытался перебросить её через стену, а она зацепилась за ветку и повисла на ней. Ну и что это за улика?

– Похоже, ты права, – согласился Колин, вертя кепку в руках. – Давайте выбросим её в заросли. Она нам ни к чему. Не повезло тебе, Скампер, – а ты уж решил, что обнаружил самую главную улику.

Колин хотел было перебросить кепку через стену, но Питер остановил его:

– Подожди! Давай на всякий случай оставим её. Мы же потом будем локти себе кусать, если упустим что-нибудь важное. Хотя мне тоже кажется, что никакая это не улика.

– Тогда сам её неси. – Колин протянул кепку Питеру. – Немудрено, что её выбросили. Ужасно воняет!

Питер засунул кепку в карман. Затем достал блокнот, осторожно заложил между его страницами шерстяную нитку и снова посмотрел на странные круглые следы.

– Надо бы их зарисовать, – предложил он. – Джанет, у тебя рулетка с собой?

Чего-чего, а рулетки у них не было. Зато у Джорджа оказалась какая-то верёвочка, и он, измерив диаметр следа, оборвал её и отдал Питеру. Тот положил в блокнот и верёвочку.

– И всё-таки мне кажется, что эти непонятные отпечатки имеют к нашему делу какое-то отношение, – сказал он. – Но я совершенно не представляю, какое именно!

Ребята попрощались с Джонсом и пошли через поле домой. Не много они сегодня выяснили. Но Питер надеялся, что их приключения ещё не закончились.

– А я всё-таки считаю, что только акробат мог влезть на такую высоченную стену, – настаивала Джанет. – Обычному человеку это не под силу!

И как раз в этот момент они вышли на дорогу и увидели на обочине какой-то огромный плакат. Ребята лениво скользнули по нему глазами, и вдруг Колин вскрикнул, да так громко, что остальные чуть не подпрыгнули от неожиданности.

– Цирк приехал! Смотрите, что здесь написано: «Укротители львов, бесстрашные наездники, медведи, клоуны и акробаты!» Представляете? Акробаты! Подумать только!

Ребята в смятении посмотрели друг на друга. А вдруг Джанет права? Это надо срочно выяснить.

Глава 8

В ЦИРКЕ

Питер взглянул на часы.

– Тьфу ты! – с досадой произнёс он. – Нужно торопиться, обедать пора! Встречаемся в половине третьего.

– Мы не можем! – заявили Пэм и Барбара. – Нас пригласили на день рождения.

– Не проводите без нас собрание! – взмолилась Пэм.

– Я тоже не могу, – сказал Джордж. – Давайте лучше завтра соберёмся. Если вор – акробат из цирка, то он всё равно не сможет скрыться раньше, чем цирк уедет.

– Да с чего ты взял, что он акробат? – возразила Джанет. – Я просто сказала, что только акробат может забраться на такую стену, я совсем не имела в виду, что вор обязательно должен быть акробатом.

– Всё равно это непременно надо проверить, – сказал Питер. – Раз никто сегодня не может, то встречаемся завтра в девять тридцать. И подумайте как следует, что нам делать дальше. Я уверен, мы обязательно что-нибудь придумаем!

И в этот день все семеро думали так усердно, как только могли. Даже Пэм и Барбара то и дело перешёптывались в гостях.

– Я за то, чтобы пойти в цирк, – шептала Пэм. – А ты как считаешь? Вдруг Питер узнает в ком-нибудь из акробатов того, кто прятался в кустах!

И, когда на следующий день члены «Секретной семёрки» один за другим говорили пароль и входили в сарай, все они были охвачены одной и той же идеей.

– Нужно идти в цирк! – Первым это сказал Джордж.

– Именно об этом мы с Пэм и говорили! – воскликнула Барбара.

– И я так считаю, – поддакнул Колин. – Это самое разумное, что можно сделать. Питер, ты согласен?

– Да. Мы с Джанет просмотрели местную газету и выяснили, что первое представление состоится завтра днём, – сообщил Питер. – Пойдём на него все вместе. Но вора я вряд ли узнаю, даже если он там будет, – я видел его совсем мельком. Однако попытаться стоит.

– Ты говорил, у него тёмные волосы и он чисто выбрит, – напомнил Колин. – Ещё я заметил, что у него на макушке небольшая лысина. Но этого, конечно, недостаточно, чтобы узнать его...

– А деньги на билеты у кого-нибудь есть? – напомнила Пэм. – А то я вчера всё истратила на подарок.

Ребята вывернули карманы, выложили на стол деньги и стали пересчитывать.

– Детский билет стоит тридцать пенсов, – простонал Питер. – Целых тридцать пенсов! Они, наверное, думают, что карманы детей набиты деньгами. А у нас один фунт и двадцать пенсов, и всё. Хватит только на четыре билета.

– У меня в копилке есть шестьдесят пенсов, – сказала Джанет.

– А у меня дома двадцать девять пенсов, – добавил Колин. – Пенни ни у кого не завалялось?

– Я займу у Сьюзи, – пообещал Джек.

– Только не вздумай продать ей за пенни наш пароль! – съязвил Колин и тут же получил пинок, сопровождаемый сердитым сопением.

– Хорошо! Тогда мы идём все вместе! – Питер был доволен. – Встретимся около цирка за десять минут до начала представления. Не опаздывайте! И высматривайте человека в тёмно-синем с красными крапинками свитере. Ясно как день, что вор был одет именно так.

Никто из них не опоздал. У всех, кроме Пэм, были при себе деньги. Ребята подошли к кассе и купили семь билетов. Они были порядком взволнованны.

Цирковое представление – это само по себе событие, а если ты при этом ещё и вора выслеживаешь, то куда уж интереснее!

Скоро ребята сидели на своих местах и смотрели вниз на усыпанную опилками арену. Оркестр заиграл бравурную мелодию, забухали барабаны. Ребята замерли от восторга.

На арену, гордо покачивая плюмажами, вышли лошади. Крича и кувыркаясь, выскочили клоуны, за ними появились медведи. Публика встречала участников представления улыбками и аплодисментами.

Ребята высматривали акробатов, но они совершенно затерялись среди пёстрой толпы артистов – пятерых клоунов и фокусников, двух человек на ходулях и пятерых велосипедистов, разъезжающих на очень смешных велосипедах с разными колёсами. Распознать, где здесь акробаты, было просто невозможно.

– Их номер по программе третий, – сообщил Питер. – Сначала идут лошади, потом – клоуны, а за ними – акробаты.

И ребята, аплодируя танцующим лошадям и потешаясь до колик в боку над клоунами, ждали третьего номера программы.

– А теперь – акробаты! – Питер сосредоточился. – Смотри, Колин, смотри!

Глава 9
ЗАМЕЧАТЕЛЬНАЯ ИДЕЯ И РАЗОЧАРОВАНИЕ

Делая «колесо» и высоко подпрыгивая, на арену выскочили акробаты. Один из них так сильно прогнулся назад, что его голова оказалась почти между ног.

Питер толкнул Колина:

– Колин! Посмотри вон на того акробата, на того, который делает мостик, – он гладко выбрит, и волосы у него тёмные!

Колин кивнул:

– Да, похож! Другие акробаты с усами. Давай следить за ним – выясним, может ли он перелезать через высокие стены.

Все семеро не спускали глаз с акробата, не обращая внимания на остальных, усатых. Этот же подходил по всем статьям – темноволосый и без усов!

Высоко ли он прыгает? Может ли вскарабкаться на отвесную стену? Ребята не отрывали от него глаз. Этот акробат оказался лучшим из всех. Он был лёгким, как пёрышко, – казалось, он буквально парит в воздухе, не касаясь ногами арены.

Он был также и замечательным канатоходцем. Служители принесли длинную лестницу, приставили её к натянутой под самым куполом проволоке, и акробат легко взлетел по ней, едва касаясь перекладин. Ребята многозначительно переглянулись – да, он вполне может взобраться на самую высокую стену.

Представление было чудесное. Вслед за акробатами вышли дрессированные медведи. Казалось, им доставляло огромное удовольствие боксировать друг с другом и с дрессировщиком. Один медвежонок из чрезмерной любви к своему наставнику обхватил лапами его ноги и никак не желал отпускать.

Джанет ужасно захотелось, чтобы у неё дома жил такой вот симпатичный медвежонок.

– Он совсем как плюшевый, – сказала она Пэм, и Пэм кивнула в ответ.

На арене опять появились клоуны, а за ними – двое артистов на ходулях. На них были длинные юбки, ходулей не было видно, и создавалось впечатление, что это просто очень высокие люди. И они расхаживали среди казавшихся маленькими клоунов, а те дразнили их и насмехались над ними.

Потом на арене установили огромную клетку, и туда с рычанием вбежало несколько львов. Джанет в страхе вжалась в спинку кресла:

– Нет, это мне не нравится. Ну какие из львов артисты? Они кажутся такими глупыми – вон тот даже не хочет забираться на тумбу, а того и гляди кинется на укротителя.

Но конечно же ничего подобного не произошло. Лев знал своё дело и исправно выполнял всё, что должен был выполнять, хотя и с весьма надменным видом. Наконец львы, рыча, покинули арену.

Вышел огромный слон и стал играть с дрессировщиком в крикет, получая огромное удовольствие от игры. Шесть раз подряд мяч улетал в зрительный зал, и публика бешено аплодировала незадачливому игроку.

Ребята были в полном восторге. Им совсем не хотелось покидать цирк.

– Вот было бы здорово, если бы вора каждый раз приходилось искать в цирке! – сказала Джанет. – Питер, ты как считаешь, тот темноволосый акробат – это и есть вор? Только один из акробатов похож на человека, которого вы видели в зарослях.

– Да, у всех остальных усы, – кивнул Питер. – Что же нам теперь делать? Хорошо бы найти его и поговорить с ним. Вдруг он как-нибудь себя выдаст.

– А под каким предлогом можно заговорить с ним? – задумался Джордж.

– Мы попросим у него автограф! – воскликнул Питер. – И он ничего не заподозрит!

Все посмотрели на Питера с восхищением. Какой молодец! Никому больше не могла прийти в голову такая замечательная идея.

– Посмотрите! – прошептала Барбара. – Это не он разговаривает с дрес-

сировщиком медведей? По-моему, он. Ну что, Питер, похож он на вора?

Питер кивнул:

– Да, похож. Подойдём к нему как ни в чём не бывало и попросим автограф. Смотрите за ним внимательнее, ничего не упустите.

Ребята подошли к акробату. Тот с удивлением оглянулся.

– Вам что-нибудь надо? – спросил он с улыбкой. – Хотите брать уроки канатоходства?

– Нет, мы просто хотим взять у вас автограф. – Питер во все глаза смотрел на акробата. Тот был гораздо старше, чем казался на арене.

Акробат рассмеялся и вытер лоб большим красным носовым платком.

– Здесь очень жарко, – заметил он. – Конечно, я дам вам автограф, но сначала сниму парик, а то у меня голова перегреется.

И, к великому изумлению ребят, он развязал какие-то тесёмочки и стянул с головы тёмную шевелюру. Так это был парик! Акробат оказался совершенно лысым. Какое разочарование!

Глава 10

АКРОБАТ ТРИНКУЛО

Все семеро растерянно уставились на акробата – только на самой макушке у него торчало несколько седых волосинок. Значит, вором он быть не может. Колин утверждал, что у того чёрные волосы с небольшой круглой проплешиной. Колин взял у акробата парик. Он разглядывал его и соображал, мог ли вор, когда отправился за ожерельем, надеть такой парик. Но на парике, который он держал в руках, не было ни малейшей проплешины.

– Как вас моя шевелюра заинтересовала! – рассмеялся акробат. – Акробату ни в коем случае нельзя быть лысым. Мы должны быть молодыми и красивыми. Где вам автограф написать?

Питер протянул ему листок бумаги и карандаш:

– Спасибо вам большое!

Вдруг ребята увидели медвежонка, который, тихонько пофыркивая, шёл куда-то сам по себе.

– Посмотрите! – в восторге воскликнула Джанет. – Как вы думаете, он подойдёт к нам? Иди сюда, малыш!

Медвежонок робко приблизился к девочке и потёрся о её ногу. Джанет обхватила его и попыталась приподнять, но он оказался слишком тяжёлым. Тут к ним подошёл какой-то молодой человек, очень странный и угрюмый. Он грубо схватил медвежонка за шкирку.

– Ах ты, негодник! – потряс он медвежонка, и тот жалобно заскулил.

– Не надо! – в отчаянии попросила Джанет. – Он просто подошёл с нами познакомиться.

Одет молодой человек был очень странно. На нём был женский жакет, расшитый блёстками, шляпка с искусственными цветами и грязные фланелевые брюки.

Питер проводил его любопытным взглядом.

– Этот парень тоже из цирка? – поинтересовался он. – Я что-то его не помню.

– Да, он работает на ходулях, – продолжая писать, ответил акробат. – Его зовут Луи. Он помогает ухаживать за животными. Хотите как-нибудь посмотреть на них? Они совсем ручные, а старый Джумбо будет вне себя от радости, если вы угостите его сдобной булочкой. Он у нас такой ласковый, как большая собака.

– Ой, с удовольствием! – Слон Джумбо – это тоже замечательно, хотя Джанет больше нравился медвежонок. – Можно мы завтра придём?

– Да, но только утром, – разрешил акробат. – Спросите Тринкуло – это я. Я буду где-нибудь здесь.

Ребята поблагодарили его и ушли. Они ни слова не произнесли до тех пор, пока не отошли на такое расстояние, что никто из циркачей не мог их услышать.

– Как хорошо, что он не вор! – радовалась Джанет. – Он такой хороший! И лицо у него славное. Я так удивилась, когда он снял парик!

– Я тоже, – признался Питер. – И почувствовал себя полным идиотом. Когда я увидел его на арене, то решил, что он точь-в-точь вор. Но я оказался не прав – тот человек гораздо моложе.

– Наверное, надо искать вора не по внешности, а по одежде, – предложил Колин. – Давайте высматривать человека в синем с красным свитере.

– Это глупо, – возразила Пэм. – Ходить повсюду и искать свитер.

– А ты можешь придумать что-нибудь поумнее? – поинтересовался Колин.

Но ничего поумнее им в голову не приходило.

– Мы зашли в тупик. – Голос Питера звучал очень мрачно. – Глупая какая-то тайна. Только мы что-нибудь обнаружим, как тут же выясняется, что всё это пустое.

– Пойдём завтра в цирк? – спросила Пэм. – Не вора искать, а на животных посмотреть.

– Пойдём! Мне так понравился медвежонок! – улыбнулась Джанет. – И на старину Джумбо хочется поближе взглянуть. Я так люблю слонов!

– А я вряд ли пойду, – заявила Барбара. – Я слонов боюсь, они такие огромные.

– Я тоже не пойду, – подхватил Джек. – А ты, Джордж? Мы с тобой завтра собирались марками меняться.

– Да, нам некогда, – согласился Джордж. – Питер, ты не возражаешь? Ведь медведи и слоны не имеют к нашему обществу ни малейшего отношения.

– Ладно, пойдут Джанет, Пэм, Колин и я, – подытожил Питер. – И не забудьте про свитер с красными крапинками. Если внимательно смотреть по сторонам, то что-нибудь да увидишь.

Разумеется, Питер был прав. Но он и представить себе не мог, что́ они с Джанет обнаружат на следующий же день!

Глава 11

ЧТО ОБНАРУЖИЛА ПЭМ

На следующее утро Джанет, Питер, Колин и Пэм опять направились к цирку. Скампера они с собой не взяли – решили, что Джумбо вряд ли понравится, если у него под ногами будет вертеться собака.

Скампер очень рассердился, и ребят долго преследовал его обиженный вой.

– Бедный Скампер! – сокрушалась Джанет. – Ужасно жалко, что его нельзя взять с собой – с него станется залезть в клетку ко львам или ещё что-нибудь учудить. Он у нас такой любознательный!

Ребята подошли к полю и направились к шатру, внимательно разглядывая циркачей, которых встречали по дороге. В обычной одежде они выглядели совсем иначе, чем на арене, и, как показалось Джанет, вовсе не такими симпатичными. Но зато на арене от них просто глаз нельзя было оторвать.

В поле горели небольшие костры, циркачи что-то готовили на них в чёрных от копоти кастрюлях. До ребят доносился аппетитный запах, и Питер почувствовал, что проголодался.

Ребята отыскали Тринкуло, тот сдержал своё слово и познакомил их с Джумбо, и слон, протрубив приветствие, одним взмахом хобота подхватил и усадил себе на голову визжащую от удивления и восторга Джанет.

Потом они пошли к медвежонку. Увидев ребят, тот ужасно обрадовался и просунул лапы сквозь прутья клетки, чтобы дотронуться до них. Тринкуло отпер клетку и выпустил его. Медвежонок, неуклюже переваливаясь, подошёл к акробату, обхватил его ногу и посмотрел на ребят с невероятно шаловливым выражением забавной мордочки.

– Как жалко, что он такой тяжёлый. – Джанет любила брать животных на руки и ласкать их. – Мне так хочется его купить.

– А что на это скажет Скампер? Об этом ты подумала? – спросил Питер.

Затем Тринкуло отвёл ребят к клеткам со львами. Угрюмый юноша по имени Луи вместе с ещё каким-то человеком чистил клетки. Это был укротитель. Он приветливо улыбнулся ребятам, а львы грозно зарычали.

Джанет в испуге отпрянула назад.

– Всё в порядке, – успокоил её укротитель. – Когда они сыты, то ведут себя очень смирно. Но всё-таки не стоит подходить к ним слишком близко. Луи, будь добр, смени воду в поилке.

Луи сделал то, что ему велели. Ребята смотрели, как он опрокидывает большую поилку, выливает грязную воду и наливает свежую. Похоже, львов он совершенно не боялся. Джанет он не нравился, но она не могла не признать, что человек он довольно смелый.

Пришло время уходить, хотя ребятам этого не хотелось. Они попрощались с Тринкуло, ещё раз подошли к медвежонку, а затем направились к Джумбо, чтобы попрощаться и с ним. Они похлопали его по мощным, похожим на колонны ногам и направились к калитке мимо ярко раскрашенных домиков на колёсах.

Кое-кто из обитателей этих домиков занимался стиркой. Одни разложили выстиранные вещи на траве, другие натянули бельевые верёвки, и на ветру развевалась развешанная на них одежда.

Ребята шли к калитке, без особого интереса наблюдая за происходящим. И вдруг Пэм резко остановилась и уставилась на одну из верёвок. Она обернулась к остальным, и, увидев, как сильно она взволнованна, ребята поспешили к ней.

– В чём дело? – встревожился Питер. – Ты вся красная. Что случилось?

– На нас никто не смотрит? – тихо спросила Пэм. – Питер, взгляни незаметно на эту верёвку. Видишь, на ней висят носки? Они тебе ничего не напоминают?

Ребята взглянули на сушившееся на верёвке бельё – рваные носовые платки, детские вещи, чулки, носки... А Питер уж было решил, что Пэм усмотрела трепыхающийся на ветру синий свитер.

Но свитера здесь не было, и Питер никак не мог понять, что же приковало к себе внимание Пэм. Он проследил глазами за её взглядом и понял наконец, в чём дело.

Девочка пристально смотрела на пару шерстяных носков – синих, с красным рисунком. Питер тут же вспомнил о лежащей в его блокноте нитке.

Он достал её и приложил к носку. Синий цвет – один к одному. И красный тоже. И шерсть точно такая же.

– Смотри! – настойчиво шептала Пэм. – В одном носке небольшая дырка. Я просто уверена, что эта нитка отсюда.

Питер тоже был в этом уверен. Тут из домика вышла какая-то женщина и прогнала их:

– Как вы смеете трогать чужие вещи?! – возмутилась она.

Питер не решился спросить у неё, чьи это носки. Но если им удастся выяснить, кому они принадлежат, то сразу станет ясно, кто вор.

Глава 12

ОДНОНОГИЙ УИЛЬЯМ

Циркачка легонько толкнула Пэм.

– Не слышите, что вам говорят? А ну, прочь отсюда! – прикрикнула она, и ребята сочли за благо убраться подобру-поздорову.

Пэм пришло в голову, что эта старуха ужасно похожа на ведьму.

Ребята молча ушли, но, оказавшись на дороге, сразу же очень взволнованно заговорили наперебой:

– О носках-то мы и не подумали, свитер искали!

– А оказалось, что это носки – шерсть точно такая же!

– Господи помилуй, мы даже не решились спросить, чьи они!

– Тогда мы бы уже знали, кто вор.

Ребята почти бежали, чтобы поскорее оказаться в сарае и спокойно решить, что делать дальше. А там их уже ждали

Джек, Джордж и Барбара! И, не дав им рта раскрыть, затараторили о том, что они сами сегодня обнаружили.

– Питер! Джанет! Помните те круглые следы около стены? Мы нашли точно такие же! – выпалил Джек.

– Где?

– Неподалёку от старого Чимни-коттеджа, там, где на дороге грязь. Мы с Джорджем увидели их и пошли за Барбарой. А затем пришли сюда, чтобы рассказать вам. А Барбара знает, откуда они!

– Ни за что не догадаетесь, – заверила Барбара.

– Говори скорее! – Джанет даже про носки забыла.

– Когда я их увидела – такие круглые, одинаковые, совсем как те, что мы все вместе видели, – то не поняла, что это такое. Но потом вспомнила, кто живёт в коттедже, и мне всё сразу стало ясно.

– Так что это? – с нетерпением спросил Питер.

– Знаете, кто живёт в Чимни-коттедже? Нет, не знаете! Там живёт одноногий Уильям! Ему акула откусила ногу, и вместо ноги у него – деревяшка. И она оставляет на сырой земле круглые отпечатки, точь-в-точь такие, какие мы видели в Милтон-Мэноре. Так что одноногий Уильям и есть вор!

Ребята помолчали и подумали. Затем Питер отрицательно покачал головой.

– Нет. Он никак не может быть вором. С одной ногой он не мог перебраться через стену, а кроме того, раз на воре было два носка, значит, у него две ноги!

– Откуда ты знаешь, что он был в носках? – оторопела Барбара.

И четверо ребят рассказали ей про носки, сушившиеся в поле на верёвке. Барбара крепко задумалась.

– Ладно, пусть у вора будут две ноги, и пусть они будут в носках, – кивнула она. – Но одноногий Уильям мог как-нибудь ему помогать – мог его подсадить, например. Следы ведь точно такие же! С какой стати Уильям там оказался?

– Вот это мы и должны выяснить. – Питер встал с места. – Пойдём поговорим с ним и на следы посмотрим. Подумать только – их оставил одноногий! Ну кому такое в голову придёт?

Ребята пошли к Чимни-коттеджу. Рядом с калиткой на сырой земле они сразу же увидели ровные круглые следы, точно такие, как в Милтон-Мэноре. Питер наклонился, чтобы рассмотреть их поближе.

Он достал блокнот и вынул из него верёвочку, которую Джордж оборвал по размеру следов у стены, приложил её к отпечаткам и удивлённо воскликнул:

– Нет, это другие следы! Эти сантиметра на три меньше. Смотрите!

И ребята увидели, что верёвка немного длиннее диаметра следов.

– Как странно! – волновался Джордж. – Значит, это был не Уильям. А другие одноногие в округе есть? Может, у кого из них деревяшка пошире.

Ребята задумались, но так никого и не вспомнили. Ужасно обидно, просто руки опускаются.

– Только мы что-нибудь обнаружим, как тут же оказывается, что всё совсем не так! – с досадой сказал Питер. – Я уверен, что с вором заодно действовал одноногий, но это был не Уильям. Вор не может быть одноногим – ведь на нём было два носка!

– Мы видели его носки, но его самого мы не видели, – заметила Джанет. – Тайна всё больше запутывается. Мы обнаруживаем всё новые и новые улики, а они заводят нас в тупик!

– Придётся завтра опять пойти к цирку и попытаться выяснить, чьи же это носки, – сказал Питер. – Прямо спросить, кому они принадлежат, мы не можем, но мы можем найти человека, который их носит!

– Правильно, – согласился Колин. – Встречаемся на этом самом месте в десять часов.

Глава 13

КЕПКА И К НЕЙ КУРТКА

В десять часов вся «Секретная семёрка» уже была на поле. Чтобы объяснить своё появление, ребята опять спросили Тринкуло, но того нигде не было видно.

– Он ушёл в город, – сообщил его коллега-акробат. – А зачем он вам?

– Мы хотели попросить у него разрешения походить здесь немного, – объяснил Джек. – На животных посмотреть...

– Валяйте, – кивнул акробат и, кувыркаясь «колесом», направился к своему домику.

Ребята смотрели на него с восхищением.

– Как здорово у них это получается! – удивилась Пэм. – Совсем как настоящее колесо, а руки и ноги мелькают, словно спицы!

– А ты попробуй! – улыбнулся Джордж.

Но Пэм сразу же шлёпнулась в траву и весело расхохоталась сама над собой.

Из домика вышла маленькая лохматая девочка. Глядя на Пэм, она тоже рассмеялась, а потом лихо прошлась «колесом», работая руками и ногами не хуже самого заправского акробата.

– Во дают! – с завистью воскликнул Джордж. – Здесь даже дети делают «колесо»! Придётся нам как следует потренироваться.

Ребята пошли к медвежонку, но увидели, что он крепко спит. Тогда они осторожно пробрались к верёвке. Носки исчезли. Ага! Значит, их надели. И сделал это не кто иной, как вор!

Ребята опять стали бродить по полю, изучая щиколотки каждого встречного. Но, к их величайшему разочарованию, все встречные были без носков. С ума сойти!

К клетке со львами приблизился Луи. Он отпер её, вошёл внутрь и принялся за уборку. На львов он не обращал ни малейшего внимания, и они платили ему тем же.

Джанет подумала, что это просто чудесно – махать веником под самым носом у льва, как будто ничего естественнее и быть не может.

На Луи были грязные, закатанные до колен фланелевые брюки, на грязных ногах – грязные старые галоши на босу ногу.

Ребята постояли и понаблюдали за тем, как он работает, и повернулись, чтобы идти дальше. И тут мимо них прошёл ещё один человек, и они по привычке взглянули на его ноги – есть ли на них носки. Носков не было. Но что-то в нём насторожило Джека. Он остановился и посмотрел повнимательнее.

Парень нахмурился.

– Ну что уставился? – раздражённо спросил он. – А ну брысь отсюда!

Джек, красный от возбуждения, повернулся к ребятам и стал подталкивать их, чтобы шли быстрее. Когда их никто не мог слышать, он взволнованно спросил:

– Вы заметили, какая на нём куртка? Она точно из такой же материи, что и кепка, которую мы нашли на дереве. И рисунок точно такой же. Только кепка гораздо грязнее.

Все семеро обернулись и посмотрели на человека в клетчатой куртке. Он красил клетку со львами, и она выглядела теперь немного привлекательнее. Куртку он снял и повесил на ручку дверцы. Как же им хотелось подойти к этой куртке и приложить к ней кепку!

– Она у тебя с собой? – шёпотом спросила Пэм.

Питер кивнул и похлопал себя по карману: разумеется, все улики при нём!

Неожиданно им очень повезло. Парня, красившего клетку, кто-то позвал, и он ушёл, оставив около клетки банку с краской, кисть и, самое главное, куртку. Ребята, недолго думая, оказались у клетки.

– Делайте вид, что глазеете на львов. А я тем временем сравню куртку и кепку, – тихо проговорил Питер.

Ребята уставились на львов и стали громко обсуждать их, а Питер вытащил из кармана кепку и быстро приложил

к куртке. Быстро приложил и так же быстро убрал. Никакого сомнения – один и тот же рисунок, один и тот же материал. Так, значит, этот человек – вор? Но зачем ему было забрасывать свою кепку на дерево? И почему он её оттуда не забрал? Как-то одно с другим не вяжется.

Парень, что-то насвистывая, вернулся к клетке. Он наклонился, чтобы взять кисть, и Колину предоставилась прекрасная возможность взглянуть на его макушку. И он глядел на неё во все глаза.

Ребятам не терпелось узнать, как там с кепкой. Они оттащили Питера в сторону, и тот кивнул:

– Да, они абсолютно одинаковые. Этот парень вполне может быть вором. Надо последить за ним.

– Бесполезно, – неожиданно заявил Колин. – Я видел его макушку: волосы у него чёрные, это да, но лысины, как у того человека, который сидел подо мной на дереве, у него нет. Так что никакой он не вор!

Глава 14

СНОВА СТРАННЫЕ СЛЕДЫ

Семёрка сидела на заборе, окружавшем поле, в котором разместился цирк. Настроение у ребят было довольно унылое.

– Подумать только, мы нашли человека, одетого в куртку, идеально подходящую к кепке, и – нá тебе! – вором он быть никак не может: макушка не та! – простонал Питер. – Не приключение, а сплошные огорчения. Находим такие потрясающие улики, а толку чуть!

– Даже если мы найдём носки, в которых был вор, то они окажутся не на нём, а на ком-нибудь ещё, – уныло протянула Джанет. – На его тёте, например!

Все рассмеялись.

– Но у нас же нет уверенности, что кепка напрямую связана с кражей ожерелья, – заметил Питер. – Мы её нашли на дереве рядом с тем местом, где вор перелезал через стену, вот и всё.

– И всё же какое-то отношение к тайне она имеет, – сказал Джордж. – Хотя ума не приложу, какое именно.

Они сидели на заборе и безрадостно смотрели в поле. Какое безнадёжное приключение! И вдруг Джанет тихонько ойкнула.

– Ты что? Вспомнила что-нибудь? – спросил Питер.

– Нет. Но я кое-что увидела!

Ребята посмотрели по направлению её руки и вытаращили глаза.

Земля в поле была довольно сырой, и на ней отчётливо виднелись круглые ровные следы, точно такие же, как у стены, и очень похожие на следы неподалёку от коттеджа одноногого Уильяма.

– Похоже, что эти следы нужного размера. – Питер чуть не подпрыгнул от волнения. – Они больше, чем следы деревяшки Уильяма. Сейчас я их измерю.

Он достал верёвочку, аккуратно приложил к одному следу, потом к другому, третьему... И весело посмотрел на друзей.

– Видите? Каждый из них точь-в-точь такой же, как и около стены, на которую забирался вор.

– Значит, в цирке должен быть ещё один одноногий, он и оставил все эти следы, – взволнованно сказал Колин. – Правда, вором он быть не может – ему не перелезть через такую высокую стену, но он вполне может быть сообщником вора.

– Мы должны найти его! – воскликнул Джордж. – И выяснить, с кем он дружит или кто его сосед по домику. Этот друг или сосед и есть вор. Я думаю, что и носки принадлежат ему. Наконец-то мы немного продвинулись к разгадке!

Питер поманил пальцем лохматую девчонку, которая так ловко умела делать «колесо».

– Эй, ты! Мы хотим поговорить с вашим одноногим! В каком домике он живёт?

– Ты что, чокнутый? – удивилась девчонка. – Таких здесь нет. Что ему делать в цирке? У нас у всех ноги при себе. И при деле! А ты – чокнутый!

– Послушай! – твёрдо сказал Питер. – Нам прекрасно известно, что среди вас есть одноногий, и нам очень нужно поговорить с ним. Если ты поможешь нам найти его, мы дадим тебе шоколадку.

Девчонка протянула руку, схватила шоколадку и громко рассмеялась:

– Шоколадка даром досталась! Я же говорю, нет здесь одноногих! Вот психи!

И, прежде чем ребята успели сказать хоть слово, она всё так же «колесом» умчалась прочь – только руки и ноги замелькали.

– Можете догнать её и отшлёпать. – Из домика вышла какая-то женщина. – Но ничего нового всё равно не узнаете – одноногих у нас нет.

Она вернулась в домик и закрыла за собой дверь. Все семеро были страшно озадачены.

– Сначала мы обнаруживаем рядом с Чимни-коттеджем следы и пребываем в полной уверенности, что это следы вора, – вздохнул Питер. – Но потом оказывается, что этот одноногий не имеет никакого отношения к краже. Затем мы находим другие следы – точь-в-точь такие же, как в Милтон-Мэноре, а нам заявляют, что других одноногих здесь нет! С ума сойти можно!

– Давайте посмотрим, куда ведут следы, – предложила Джанет. – Это довольно трудно – трава очень высокая, но вдруг что-нибудь да получится.

И у них кое-что получилось. Следы привели их к небольшому домику на колёсах неподалёку от клетки со львами. На ступеньках соседнего домика сидел Луи и с удивлением наблюдал за ребятами.

Они поднялись по ступенькам и заглянули внутрь. Домик был битком набит цирковым реквизитом и казался нежилым.

Вдруг рядом с ними просвистел камень.

– А ну проваливайте отсюда! Всюду суёте свои длинные носы! – закричал им Луи, подбирая с земли ещё один камень. – Кому говорю?! Прочь отсюда!

Глава 15

ЧТО ПРИКЛЮЧИЛОСЬ С ПИТЕРОМ И КОЛИНОМ

Семёрка поспешила убраться с поля и выйти на дорогу. Джордж потирал лодыжку – Луи попал в него камнем.

– Чудовище! – возмущался Джордж. – Почему ему так не понравилось, что мы сунули нос в этот старый домик? Это же просто склад.

– А вдруг вор спрятал там украденный жемчуг? – засмеялась Джанет.

Питер посмотрел на неё и задумался.

– А может, ты и права! – медленно произнёс он. – Если вор кто-то из циркачей, то жемчуг вполне может оказаться в домике. Луи очень уж огорчился, когда мы заглянули туда.

– Хорошо бы этот домик обыскать, – размечтался Колин. – Но как это сделать, я не знаю.

– Зато я знаю! – заявил Питер. – Колин, мы с тобой пойдём сегодня на вечернее представление цирка, но в самый его разгар, когда все циркачи будут на арене или за кулисами, мы оттуда уйдём, проберёмся в домик и выясним, действительно ли вор прячет там ожерелье.

– А ты не ошибаешься? – засомневалась Пэм. – Ведь это довольно глупо.

– И всё-таки я подозреваю, что именно там оно и спрятано, – настаивал Питер. – Сам не знаю почему. Круглые следы ведут к этому домику, ведь так? И это по меньшей мере странно.

– Конечно, – кивнула Барбара. – Следы, которые оставил одноногий, которого не существует в природе! Очень глупое у нас приключение!

– Не такое уж оно и глупое, – возразил Джордж. – Оно похоже на картинку-головоломку – каждый кусочек по отдельности кажется странным и лишним, но если правильно сложить их вместе, то получится ясная и логичная картина.

– И всё, что у нас есть, – это множество разрозненных кусочков, и мы не знаем, как подогнать их друг к другу, – заметила Пэм. – Синяя шерстяная нитка из носков, которые мы видели на верёвке; твидовая кепка, прекрасно подходящая к куртке, которую носит человек, который не вор; странные следы, которые появляются повсюду, но никуда нас не приводят...

– Пойдёмте-ка домой! – Джек взглянул на часы. – Скоро обед. Мы искали всё утро, но так ничего и не нашли. Совсем я с этим приключением запутался. Мы всё время идём по ложному следу.

– Сегодня никаких собраний больше не будет, – сказал Питер, когда они шли по дороге. – Мы с Колином встретимся сами по себе и пойдём в цирк. Колин, захвати с собой фонарик – вдруг и в самом деле отыщем в этом старом домике пропавшие жемчуга!

– Держи карман шире! – усмехнулся Колин. – И что тебе так приспичило искать их именно там? Ну ладно, встречаемся у входа в цирк.

Колин пришёл к цирку первым. Чуть позже подошёл Питер. Тяжело вздыхая, мальчики заплатили за билеты шестьдесят пенсов.

– И это за половину представления! – прошептал Питер.

Ребята вошли в зал и сели подальше от арены, чтобы проще было незаметно выйти.

Они сидели и ждали начала.

Представление было просто замечательным: клоуны, артисты на ходулях и акробаты понравились им даже больше, чем в прошлый раз. Ужасно не хотелось уходить раньше времени.

В поле уже было темно. Мальчики остановились, чтобы сообразить, куда идти.

– Пошли туда. – Питер взял Колина за руку. – Я уверен, что это тот самый домик.

Ребята очень тихо и осторожно прокрались к домику. Включить фонарик они не осмелились, чтобы их не заметили. Питер нащупал ногой нижнюю ступеньку и начал подниматься.

– Вперёд! – прошептал он Колину. – Там никого не должно быть. А дверь не заперта. Войдём и быстренько всё осмотрим.

Мальчики пробрались в домик и в темноте сразу на что-то наткнулись.

– Может, фонарики включим? – шёпотом спросил Колин.

– Давай, здесь вроде никого нет, – так же шёпотом ответил Питер.

Ребята закрыли стёкла руками и включили фонарики. И застыли в шоке. Они попали не на склад, а в жилой домик! Если их здесь застукают, быть скандалу.

– Сматываемся! – скомандовал Питер.

Но не успел он договорить, как Колин схватил его за руку. Снаружи раздались голоса, кто-то поднимался по ступенькам. Что же им теперь делать?

Глава 16
ПЛЕННИКИ

– Быстро! Ты прячешься под той кроватью, а я – под этой, – в панике прошептал Питер. Мальчики скорчились под низкими койками. Дрожа от страха, они ждали, что будет дальше.

В домик вошли двое мужчин и сели на кровати, один из них зажёг лампу. Питеру были видны только их ноги.

И вдруг он застыл от неожиданности: человек, сидевший на койке напротив, подтянул брюки, и Питер увидел, что он в носках – синих, с тонкими красными полосками!

Подумать только – напротив него сидит человек, который, по всей вероятности, и есть вор, а он даже лица его не видит! Кто же это может быть?

– Сегодня ночью я отсюда сматываюсь, – произнёс мужской голос. – По горло я сыт этими представлениями: сплошные склоки и свары. Боюсь, что рано или поздно полиция пронюхает о нашем последнем деле.

– Чего ты только не боишься, – язвительно ответил тот, кто был в носках. – Свистни, когда можно будет передать тебе жемчуг. А если надо, то пусть лежит здесь хоть целую вечность.

– С ним всё будет в порядке?

Человек в носках рассмеялся и произнёс очень странную фразу:

– Ничего, львы за ним присмотрят.

Питер и Колин, испуганные и озадаченные, напряжённо вслушивались в разговор. Ясно, что на кровати сидит вор, но его лица им не видно. Ясно также, что он до поры до времени припрятал ожерелье в надёжном месте и что его сообщник напуган и хочет скрыться.

– Скажи, что я плохо себя чувствую и не могу вернуться на арену, – помолчав немного, сказал первый мужчина. – Нужно ехать, пока все в цирке. Дашь мне лошадь?

Человек в носках спустился по ступенькам вниз. Мальчики молили Бога, чтобы его сообщник тоже ушёл – тогда они смогут выбраться из домика. Но тот не уходил, он сидел и барабанил по чему-то пальцами. Было очевидно, что он очень нервничает.

С улицы донеслись звуки, по которым мальчики определили, что человек в носках запрягает лошадь. Потом он крикнул:

– Готово! Выходи, можешь ехать. До встречи!

Мужчина встал и вышел из домика. И, к полному отчаянию мальчиков, запер за собой дверь. Затем он обошёл домик, взобрался на кучерское сиденье, щёлкнул кнутом, и лошадь тихо потрусила по полю.

– Ужас какой! – прошептал Колин. – Он запер дверь. Мы в плену! И куда-то едем.

– Да. Приятного мало! – Питер ползком выбрался из неудобного укрытия. – А ты заметил, что на одном из них были синие носки? Это и есть вор. И он остался там, на поле. Вот не везёт!

– Зато мы много чего узнали. – Колин тоже вылез из-под кровати. –

Мы знаем теперь, что ожерелье где-то в цирке. А что он говорил про львов?

– Бог его знает. Может, он спрятал его в клетке со львами, под половицей, например.

– Надо как-то выбираться отсюда, – в отчаянии сказал Колин. – Как ты думаешь, можно вылезти через окно?

Мальчики осторожно выглянули из окна, пытаясь выяснить, где же они

едут. Как раз в это время фургон попал в свет уличного фонаря, и Питер быстро толкнул Колина:

– Смотри! На парне, который правит лошадью, твидовая куртка. Наверное, это он красил клетку со львами.

– Да. Вор мог взять у него кепку поносить, раз они живут в одном домике, – кивнул Колин. – Кажется, один из кусочков головоломки встал на место.

Они попробовали открыть окна, но оказалось, что рамы забиты. Человек в кепке услышал шум, резко оглянулся и при свете уличного фонаря увидел в окне одного из мальчиков. Он остановил лошадь, спрыгнул вниз и побежал к двери.

– Ну и влипли же мы! – в отчаянии воскликнул Питер. – Он нас услышал. Прячемся, быстро! Он отпирает дверь!

Глава 17

СНОВА НА ЦИРКОВОМ ПОЛЕ

В замке повернулся ключ – дверь открылась. Зажёгся мощный фонарик, и его луч стал шарить по фургону.

Мальчики сидели под кроватями, их не было видно. Но человек в твидовой куртке знал, что в домике кто-то есть. Он заглянул под одну из кроватей и обнаружил там Питера.

Что-то сердито заорав, он вытащил его оттуда и стал так яростно трясти, что мальчик завизжал. На помощь другу выскочил Колин.

– А! Так вас двое?! Что вы здесь делаете? Давно вы здесь?

– Нет, – оправдывался Питер. – Мы сюда попали по ошибке. Мы шли в другой фургон, но было темно, и мы заблудились.

– Хватит заливать! Сейчас я вас так спрячу, что навсегда забудете, как рыскать по чужим фургонам!

Он положил фонарик на полку и засучил рукава. На него было просто страшно смотреть.

И вдруг Колин резким движением скинул фонарик с полки, и он с грохотом упал на пол. Лампочка разбилась, стало темно.

– Быстро, Питер, хватай его за ноги! – закричал Колин и бросился к мужчине, но в темноте пролетел мимо, кубарем скатился по ступенькам и плюхнулся на дорогу.

Питер получил сильную затрещину и отскочил в сторону. Он тоже прыгнул к мужчине и схватил его за ногу. Тот стал колошматить в темноте куда попало, но затем покачнулся и упал. Питер метнулся прочь, скатился с крыльца и влетел в живую изгородь.

В этот самый момент перепуганная лошадь рванула с места и понеслась по дороге. Фургон резко бросало из стороны в сторону. Такого поворота событий его хозяин никак не ожидал.

– Колин, ты где? – закричал Питер. – Бежим скорее! Лошадь ускакала и домик увезла! Нельзя терять ни минуты!

Колин выбрался из кустов, и они что было мочи пустились по дороге.

– Всё в этом деле идёт не так, как надо, каждая мелочь, – тяжело дыша, сказал Колин, когда они наконец сбавили скорость. – Мы даже нужный домик не можем найти!

– Но зато мы кое-что выяснили, – возразил Питер. – Теперь мы точно знаем, что синие шерстяные носки носит вор, хотя ещё неизвестно, кто он – лица-то мы его не видели. Самое смешное, что голос его мне знаком.

– Ты имеешь хоть малейшее представление, где мы? – поинтересовался Колин. – Как тебе кажется, мы бежим к дому или в противоположном направлении? Раз в этом деле всё идёт шиворот-навыворот, то ничего удивительного, если мы на всех парах мчимся куда не надо.

– Нет, мы бежим правильно, – успокоил его Питер. – Я знаю, где мы. Скоро до поля добежим. Давай опять

проберёмся к циркачам и попробуем найти человека в носках. Мы просто обязаны выяснить, кто он такой!

Колину этого явно не хотелось. Он считал, что на сегодня приключений вполне достаточно, но сказал, что подождёт Питера у калитки, раз тому так уж хочется вернуться на поле.

Питер перелез через забор и пошёл по направлению к горящим в поле огням.

Представление закончилось, зрители разошлись по домам. Но артисты ещё ужинали в ярком и весёлом свете костров и фонарей.

Питер увидел играющих детей. Среди них ходил кто-то ужасно высокий, и Питер догадался, что один из них забрался на ходули. Это была та самая девчонка-грубиянка, которая твердила им, что одноногих в цирке нет. Она прошла мимо Питера, не заметив его – ей было трудно сохранять равновесие и приходилось быть очень сосредоточенной.

Девчонка прошла туда-сюда, и Питер удивлённо уставился вниз, на землю: там, где она прошагала на ходулях, остались следы – круглые и ровные, точно такие же, как и у стены Милтон-Мэнора! Их было так ясно видно в мерцающем свете ближайшего фонаря!

– Вот это да! – сказал себе Питер. – Какие же мы были слепые! Это же следы ходулей, и одноногие здесь ни при чём. Как мы раньше не догадались?

Глава 18

ПИТЕР РАССКАЗЫВАЕТ

Питер пристально смотрел на следы. Затем перевёл взгляд на девочку – да, везде, где она прошла по рыхлой земле, ходули оставили круглые ровные следы. Ещё один кусочек головоломки нашёл своё место.

«Вор взял с собой ходули и с их помощью перелез через стену, – сказал себе Питер. – Надо найти Колина и рассказать ему об этом».

Он подбежал к калитке, где его ждал Колин.

– Колин, я обнаружил кое-что потрясающее! – воскликнул он. – Я знаю, откуда эти круглые следы, – одноногие не имеют к ним никакого отношения!

– А что же это такое? – с удивлением спросил Колин.

– Ходули! Вор был на ходулях и потому легко перебрался через стену.

Между прочим, ему пришла в голову очень неплохая идея!

– Но как же он это сделал? – изумился Колин. – Пошли домой, поздно уже, мне здорово влетит. И я очень устал.

– Я тоже, – сказал Питер. – Не будем больше обсуждать наши сегодняшние приключения, а как следует всё обдумаем и утром устроим собрание. Первое, что я завтра сделаю, – пошлю Джанет оповестить ребят об этом. По правде говоря, я пока не очень

понимаю, как вору удалось перебраться через стену с ходулями.

Колин широко зевнул. Он чувствовал, что обдумывать сейчас что-либо совершенно бесполезно. Он весь ободрался, когда вылетел из домика, сильно ушиб голову и не мог ясно соображать. Всё, чего он хотел, – поскорее добраться до своей кровати и тут же заснуть.

Когда Питер вернулся домой, Джанет крепко спала, и Питер не стал её будить. Он забрался в постель, намереваясь поразмыслить над тем, что им удалось выяснить, но, едва коснувшись головой подушки, сразу же заснул.

Утром он ни словом не обмолвился сестре о ночных приключениях. Он лишь велел ей пригласить всех на собрание. Заинтригованные, ребята поспешили к сараю.

– Приключение! – Один за другим они произносили пароль и входили в сарай.

Колин пришёл последним и сказал, что проспал.

– Так что с вами вчера приключилось? Вы нашли ожерелье? Вам известно, кто вор? – перебивая сама себя, спрашивала Пэм.

– Ожерелья мы не нашли, но... кое-что выяснили! – торжествующе сказал Питер.

– Мы? – возразил Колин. – Это ты всё выяснил, а не я. Я до сих пор толком не проснулся.

– Питер, ну сколько можно ждать? Расскажи нам поскорее! – попросил Джордж.

– Пошли к Малым Зарослям, и я продемонстрирую вам, как вор перебрался через стену, – предложил Питер, которому совершенно неожиданно пришла в голову мысль, что это хороший способ сложить все кусочки картинки-головоломки воедино.

– Может, сейчас скажешь? – взмолилась горько разочарованная Джанет.

– Нет. Пошли к Малым Зарослям, – стоял на своём Питер.

И они отправились к Малым Зарослям и подошли к воротам Милтон-Мэнора. Садовник Джонс опять работал перед домом – занимался растущими вдоль подъездной дорожки цветами.

– Джонс! Можно мы зайдём ещё раз? Мы будем хорошо себя вести!

Джонс, улыбаясь, отпер ворота.

– Нашли ещё что-нибудь? – спросил он.

– Да, много чего. – Питер направился к тому месту, где вор перелез через стену. – Пойдёмте с нами, и я расскажу, что именно.

– Хорошо, но сначала я впущу вон ту машину, – сказал Джонс, увидев, что к воротам направляется большой чёрный автомобиль.

Ребята быстро отыскали нужное им место.

– Теперь смотрите, – начал Питер. – Вот как всё это произошло. Вор – артист цирка, он работает на ходулях. Всё, что ему надо было сделать, – это подойти к стене, встать на ходули и перебраться с них на стену. Затем он перетащил через стену ходули и прошёл на них к дорожке. На утоптанных дорожках никаких следов не видно, и он слез с ходулей и спрятал их где-нибудь в живой изгороди.

– А дальше? – Джанет была очень взволнованна.

– Он вошёл в дом, взял ожерелье, вернулся к стене, – продолжал Питер, – и опять залез на ходули.

– Господи! Так вот что это за круглые отпечатки! – воскликнула Пэм.

– Да. А когда он залезал на стену, его кепка зацепилась за ветку, – добавил Питер. – Он не хотел терять время и не стал снимать её с дерева. А носком зацепился за острый кирпич, и на кирпиче осталась нитка. Затем он взобрался на стену и спрыгнул с противоположной стороны.

– Что я и слышал! – сказал Колин. – Но, Питер, когда я его увидел, у него не было при себе никаких ходулей. Куда же он их дел?

Глава 19

ГДЕ ЖЕМЧУГ?

– Ты хочешь знать, куда он дел ходули, с помощью которых перебрался через стену, после того как украл жемчуг? – спросил Питер. – По правде говоря, я не знаю, но если всё было так, как я говорю, он должен был сунуть их куда-нибудь в кусты.

– Конечно, – согласилась Пэм. – Но куда именно?

Они осмотрели кусты и деревья, которые росли поблизости.

Колин бросил взгляд поверх стены.

– Остролист! – сообразил он. – Он всегда такой зелёный и густой, но близко к нему лучше не подходить – уж очень колючий.

– Да, это самое лучшее, что можно придумать, – признал Питер. – Пошли на ту сторону.

И они вышли из ворот и на предельной скорости прошли вдоль стены к остролисту.

И скоро мальчики убедились, какое это острое и колючее занятие – отодвигать ветки густого остролиста.

Но они были полностью вознаграждены за свои страдания: в самой глубине куста лежали ходули. Колин вытащил одну, Питер – другую.

– Питер, ты был прав! – воскликнула Джанет. – Какой же ты умный! Всё встало на свои места: кепка, висящая на ветке, шерстяная нитка, странные круглые следы. Вся «Секретная семёрка» оказалась умной, ну просто ужасно умной!

– И я тоже! – раздался вдруг чей-то голос.

Ребята обернулись и увидели, что перед ними, изрядно раскрасневшийся, стоит инспектор полиции, а рядом – садовник Джонс.

– Здравствуйте! – удивился Питер. – Так вы всё слышали?

– Да, – произнёс сияющий, но запыхавшийся инспектор. – Джонс открыл мне ворота и сказал, что вы,

похоже, разгадали тайну. Увидев, как стремительно вы выскочили из ворот, мы поняли, что вы идёте по горячему следу. Какая же у вас версия? Да, на этот раз «Секретная семёрка» утёрла полиции нос!

Питер рассмеялся:

– Мы можем рыскать где угодно и сколько угодно, и нас никто ни в чём не заподозрит. Но если вы пошлёте семерых полицейских, чтобы они осмотрели поле, то это будет выглядеть очень подозрительно.

– Да, ты прав, – согласился инспектор. Он поднял ходули и стал изучать их. – Очень простой способ перебраться через такую высокую стену. Вы, наверное, тоже не знаете, кто вор, да?

– Ну... Само собой, что он артист цирка. Мне кажется, это парень по имени Луи. Если вы пойдёте сейчас в цирк, то, возможно, застанете его там – на нём синие шерстяные носки в узкую красную полоску.

– И у него чёрные волосы и маленькая круглая лысинка на самой макушке, – добавил Колин. – По крайней мере, у вора, которого видел я, проплешина была именно такой.

– Просто поразительно, сколько вы знаете! – восхитился инспектор. – Следующее, что вы мне сообщите, – это цвет его пижамы. Ну что, отправимся на поиски вора? Со мной двое полицейских. Можем пойти туда все вместе.

– О-о-о! – Пэм представила, как «Секретная семёрка» появляется на поле с тремя самыми настоящими полицейскими. – А циркачи не испугаются, когда нас увидят?

– Только те, кому есть чего бояться, – ответил инспектор. – Пошли скорее, мне не терпится проверить, есть ли у вора на самой макушке лысина. Интересно, а как вы это выяснили? Просто удивительно!

Наконец они добрались до поля. Первыми там оказались конечно же полицейские – приехали на машине. Но они подождали ребят у калитки и на поле вошли все вместе. Циркачи провожали их изумлёнными взглядами.

– Вон Луи. – Питер показал на хмурого парня, сидевшего у клетки со львами. – Тьфу ты! Опять он без носков!

– Давайте тогда посмотрим на его макушку, – предложил Колин.

Все вместе подошли к Луи. Тот при их приближении встал и с беспокойством посмотрел на инспектора.

– Вы в носках? – к великому удивлению Луи, спросил инспектор. – Будьте добры, подтяните брюки.

Но, как уже успел заметить Питер, носков на Луи не было.

– Скажите ему, пусть наклонит голову, – попросил Колин, и Луи удивился ещё больше.

– Наклонитесь, пожалуйста, – произнёс инспектор, и Луи послушно выполнил его просьбу.

Колин воскликнул:

– Да, это он! Видите, на самой макушке у него круглая проплешина?! Её-то я и видел, когда сидел на дереве.

– Понятно, – кивнул инспектор. Он опять повернулся к Луи. – А теперь, молодой человек, я хочу спросить у вас ещё кое о чём. Где жемчуг?

Глава 20

ЧЕМ ВСЁ ЗАКОНЧИЛОСЬ

Луи хмуро посмотрел на них.

– Да вы с ума сошли! – возмутился он. – То брюки подтяни, то голову наклони... А теперь про какой-то жемчуг спрашиваете. Какой такой жемчуг? Знать не знаю ни о каком жемчуге!

– Знаете, знаете, – сказал инспектор. – Нам всё известно. Вы с помощью ходулей перебрались через высокую стену – ту, что идёт вокруг Милтон-Мэнора. Взяли ожерелье, вернулись к стене, опять встали на ходули, и – вот он Луи, сидит на стене и готов спрыгнуть вниз.

– Не понимаю, о чём это вы толкуете, – мрачно пробормотал Луи, страшно побледнев.

– Тогда я напомню вам ещё кое о чём, – продолжил инспектор. – О следах, которые оставили ваши ходули, о кепке, зацепившейся за ветку, об этой вот нитке из вашего носка. Ещё одна улика – ходули, которые вы спрятали в кусте остролиста. Не могли же все ваши труды пропасть даром. Где жемчуг?

– Сами ищите, – буркнул Луи. – Может, мой брат увёз его с собой. Но он теперь далеко.

– Нет, он оставил ожерелье здесь, он сам так сказал, – неожиданно вступил в разговор Питер. – Я был в домике, когда вы с ним об этом говорили!

Луи бросил на Питера разъярённый взгляд.

– И вы ещё сказали, что за жемчугом присмотрят львы! – добавил Питер. – Ведь так?

Луи промолчал.

– Ну-ну! – оживился инспектор. – Придётся нам обратиться за справками ко львам!

В сопровождении семерых ребят, двух полицейских, примерно тридцати любопытствующих циркачей и маленького медвежонка, который умудрился выбраться из клетки и в полном восторге слонялся по полю, инспектор при-

близился к огромной клетке со львами и подозвал к себе укротителя.

Тот подошёл, удивлённый и немного обеспокоенный.

– Как вас зовут? – спросил инспектор.

– Рикардо, – ответил укротитель. – А в чём дело?

– Видите ли, мистер Рикардо, у нас есть основания полагать, что где-то в клетке со львами находится жемчужное ожерелье.

У Рикардо от удивления глаза на лоб полезли. Он смотрел на инспектора и не мог понять, о чём тот говорит.

– Откройте клетку и попробуйте отыскать его, – сказал инспектор. – Поищите, например, под шатающимися половицами, везде, где можно спрятать такую вещь.

Всё ещё не оправившийся от изумления Рикардо отпер клетку. Львы смотрели, как он входит к ним, и неожиданно один из них замурлыкал – совсем как кошка, только гораздо громче.

Рикардо постукал по половицам. Все они были крепкими. Он обернулся к внимательно наблюдающей за ним публике.

– Сэр, – произнёс он, – можете сами убедиться – в клетке негде спрятать ожерелье. Даже в львиные гривы его нельзя засунуть: львы могут вычесать жемчуг когтями.

Питер украдкой наблюдал за Луи – тот бросал беспокойные взгляды на большую поилку с водой. Питер подтолкнул инспектора:

– Скажите укротителю, пусть осмотрит поилку!

Рикардо подошёл к поилке, приподнял и вылил из неё воду.

– Переверните её вверх дном, – велел инспектор.

Рикардо выполнил его просьбу и воскликнул:

– К ней приделано второе дно! Смотрите, сэр, раньше его здесь не было!

Он продемонстрировал всем дно поилки. Было совершенно очевидно, что кто-то припаял к ней лист металла, так что получилось самое примитивное двойное дно.

Рикардо снял с пояса нож и отодрал этот лист.

На пол клетки что-то упало.

– Ожерелье! – разом закричали ребята, и встревоженные львы повернули на шум головы.

Сквозь прутья клетки Рикардо протянул инспектору ожерелье и повернулся, чтобы успокоить львов. Медвежонок, стоявший теперь рядом с Джанет, услышав, как зарычали львы, в страхе заворчал. Джанет попыталась приподнять его и взять на руки, но не смогла.

– Очень хорошо, – сказал инспектор, положив ожерелье в карман.

Ребята услышали какой-то шум и, обернувшись, увидели, что полицейские уводят Луи. Его провели мимо верёвки, на которой сушилось бельё, –

на ней опять развевались на ветру синие шерстяные носки, выдавшие своего хозяина.

– Пошли! – Инспектор пропустил ребят вперёд. – Сейчас мы все вместе отправимся к леди Люси Томас, и вы сами расскажете ей про ваши приключения – от начала до конца. Она наверняка захочет вознаградить вас, и, я надеюсь, вы подскажете ей, как это сделать. Вот ты, Джанет, чего ты хочешь?

– Я думаю, – нерешительно сказала Джанет, посмотрев на медвежонка, – я думаю, что медвежонка она мне вряд ли подарит. Такого же, как этот, только поменьше, чтобы я могла брать его на руки. И Пэм хочет медвежонка, я это точно знаю.

Инспектор от души расхохотался:

– Ладно, «Секретная семёрка», просите медведей, просите всего, чего пожелаете, хоть целый цирк. Вы это заслужили. Что бы я делал без вашего общества! А дальше-то вы мне будете помогать?

– А как же! – одновременно воскликнули все семеро.

И будьте уверены, они сдержат своё слово!

ОГЛАВЛЕНИЕ

Литературно-художественное издание

Для среднего школьного возраста

Серия «СЕКРЕТНАЯ СЕМЁРКА»

БЛАЙТОН Энид

ЦИРКАЧИ И СЫЩИКИ

Приключенческая повесть

Ответственный редактор *А.Ю. Бирюкова*
Художественный редактор *С.А. Карпухин*
Технический редактор *С.А. Грачёва*
Корректор *Т.С. Дмитриева*
Компьютерная вёрстка *О.В. Краюшкина*

Подписано в печать 20.03.2017. Формат 84×108 1/32.
Бумага офсетная. Гарнитура «SchoolBook».
Печать офсетная. Усл. печ. л. 6,72.
Тираж 5000 экз. D-SEC-18582-01-R. Заказ № 0381/17.

ООО «Издательская Группа «Азбука-Аттикус» –
обладатель товарного знака Machaon
119334, Москва, 5-й Донской проезд, д. 15, стр. 4
Тел. (495) 933-76-01, факс (495) 933-76-19
E-mail: sales@atticus-group.ru

Филиал ООО «Издательская Группа «Азбука-Аттикус»
в г. Санкт-Петербурге
191123, Санкт-Петербург, Воскресенская набережная, д. 12, лит. А
Тел. (812) 327-04-55
E-mail: trade@azbooka.spb.ru

ЧП «Издательство «Махаон-Украина»
Тел./факс (044) 490-99-01
e-mail: sale@machaon.kiev.ua

www.azbooka.ru; www.atticus-group.ru

Отпечатано в соответствии с предоставленными материалами
в ООО «ИПК Парето-Принт». 170546, Тверская область,
Промышленная зона Боровлево-1, комплекс № 3А
www.pareto-print.ru

Знак информационной продукции (Федеральный закон № 436-ФЗ от 29.12.2010 г.) 0+